LETTRE

A MONSIEUR TURMEL,

MAIRE DE LA VILLE DE METZ,

ET PAYEUR DU DÉPARTEMENT DE LA MOSELLE.

<hr>

NANCY,

IMPRIMERIE DE BARBIER, RUE SAINT-JEAN, N°. 13.

Novembre 1828.

LETTRE

A MONSIEUR TURMEL,

Maire de la ville de Metz,
et Payeur du département de la Moselle.

Monsieur,

Il y a deux mois que vous vous êtes *engagé envers vos concitoyens* à livrer au contrôle des électeurs *les cotes d'impositions que vous payiez en* 1827, *et à leur prouver, devant qui de droit,* que vous remplissiez les conditions déterminées par la loi, *à l'époque où vous avez été honoré de leurs suffrages.*

L'époque que vous aviez indiquée vous-même est arrivée. La liste du jury a été publiée, et chacun s'est empressé d'y chercher la justification que vous aviez annoncée. On n'y a trouvé que des chiffres, dont les rapports avec vos contributions de 1827 ne se font pas clairement apercevoir. Une explication devenait nécessaire : on l'attendait de vous comme l'exécution d'une promesse formelle. Cependant le temps s'écoule, et le public incertain se demande ce qu'il doit penser de votre silence et du nôtre, et s'il doit y voir une preuve de votre embarras, ou un signe de notre impuissance.

Mais s'il vous convient de l'abandonner à ses conjectures, il ne nous est pas permis de déserter ainsi notre tâche ; et quelque pénible qu'elle puisse être, nous devons à notre pays et à nous-mêmes de la remplir jusqu'au bout.

Il faut que les habitans de l'arrondissement de Metz

sachent enfin si celui qui les représente à la Chambre, remplit les conditions d'éligibilité; il faut que la Chambre des Députés sache si sa confiance a été surprise. Un semblable débat, dans un gouvernement représentatif, intéresse la nation tout entière; c'est sous ses yeux, c'est par elle-même, en dernier ressort, qu'il doit être jugé.

Jamais, d'ailleurs, question de ce genre ne fut réduite à des termes plus simples, ni susceptible d'une réponse plus péremptoire.

Nous vous disions, il y a deux mois:

« Vous avez été inscrit sur la liste publiée le 15 août « 1827, comme payant 1090 francs 7 centimes de con-« tributions directes. Les pièces que vous avez produites « à la préfecture ne présentaient qu'un total de 1003 « francs 34 centimes.

« Néanmoins, M. de Balzac a cru devoir vous main-« tenir sur la liste pour la première somme. Il est dif-« ficile de ne pas reconnaître dans cette condescendance, « contraire aux dispositions de la loi et aux instructions « ministérielles, l'intention de refroidir le zèle et de dé-« router les investigations de quelques électeurs soup-« çonneux. Mais, sans nous arrêter à de pareilles con-« jectures, et prenant pour point de départ les pièces « dont s'est contentée l'autorité administrative, et l'extrait « même que vous avez déposé sur le bureau de la Chambre, « voici à quelles conséquences nous sommes conduits.

« Cet extrait présente un total de 1003 fr. 34 cent.

« Il indique, comme devant vous être exclusivement « attribuées, les contributions des portes et fenêtres de « votre propriété d'Antilly, montant en total à 30 francs « 36 centimes Or, nous sommes assurés qu'il existe dans « une maison de ferme et dans une autre maison par vous « louée, seize portes ou fenêtres et une porte-cochère, qui « ne peuvent être comptées qu'aux fermier et locataire.

« Il faut donc retrancher sur cet article la somme
« de. . . . . 6^f 90^c

« Nous trouvons encore sur cet extrait 28 francs
« 73 centimes, pour portes et fenêtres de la maison que
« vous habitez à Metz.

« Or, cette maison est la propriété de Mme. F., qui y a
« conservé un appartement. Le total de la contribution
« pour l'année 1827 est de . . . . 34^f 60^c
« savoir, 27 francs 38 centimes pour trente-huit portes
« ou fenêtres, et 6 francs 82 centimes pour la porte-
« cochère. Il a été reconnu que de ces trente-huit portes
« ou fenêtres, il n'en appartient que vingt-deux au loge-
« ment que vous occupez. La contribution de ces vingt-
« deux jours ne s'élève qu'à . . . . 15^f 84^c.
« En y ajoutant les deux tiers de l'imposition de la porte-
« cochère, dont vous vous attribuez mal à propos la
« totalité, nous ne trouvons plus qu'une somme de 20
« francs et quelques centimes : il faudra par conséquent
« diminuer aussi cet article de celle de . . . . . 8^f 53^c

« Ces deux réductions pour Antilly et Metz forment
« un total de. . . . . 14^f 45^c

« En le retranchant de celui de 1003 francs 34 cen-
« times que présente l'extrait de vos contributions,
« on ne trouve plus que. . . . . 987^f 91^c

« Donc, vos contributions de 1827 étaient inférieures
« au cens de l'éligibilité, et votre élection est frappée d'une
« nullité radicale. »

Ce raisonnement reposait sur des calculs inattaquables ;
nous vous invitions à vous expliquer sur les faits ma-
tériels qui leur auraient servi de base.

Toute la question consistait, elle consiste encore en
deux faits :

Vous êtes-vous ou non attribué les contributions des

portes et fenêtres des maisons dépendant de votre domaine d'Antilly, qui se trouvaient en 1827 louées ou affermées.

Existait-il en 1827 dans l'appartement que vous occupez à Metz, plus de vingt-deux portes ou fenêtres imposées ?

Si nous étions dans l'erreur sur ces deux points, rien ne vous était plus facile que de nous éclairer, ou, si vous l'aimez mieux, de nous confondre.

Notre brochure circulait depuis quelques jours dans le public, quand vous écrivîtes, à la date du 29 août, une lettre publiée ce jour-là même dans l'Abeille de la Moselle.

En retranchant de cet écrit l'expression d'une susceptibilité qui n'est plus guère de saison, et des récriminations qu'il ne nous convient pas de qualifier, on y trouve deux choses :

D'abord l'engagement de prier M. le Préfet de ne faire porter sur la liste des jurés, dont la publication devait, selon vous, avoir lieu sous peu de jours, *que les cotes des contributions auxquelles vous étiez imposé en* 1827; et de prouver, par cette inscription même, qu'à l'époque des élections vous payiez le cens de l'éligibilité. Venait ensuite le reproche d'avoir oublié dans le recensement des portes et fenêtres que vous avez le droit de compter, *celles de vos bureaux et des bâtimens qui y touchent.*

Nous vous répondîmes, deux jours après, que M. le Préfet du département de la Moselle ne pourrait pas, sans violer ouvertement la loi, condescendre à votre prière.

Nous ajoutâmes que les contributions effectivement payées pouvaient seules être comptées dans le cens de l'éligibilité, et qu'en conséquence nous avions dû prendre pour unique base de nos calculs l'extrait du rôle de 1827, relatif à la maison où vous logez ; extrait dans lequel les portes et fenêtres de vos bureaux ne sont évidemment pas comprises.

Nous avions lieu de nous étonner que, tout en refusant si dédaigneusement de nous répondre, vous finissiez par nous opposer une objection aussi frivole.

Si vous aviez d'autres moyens de défense, le choix était bien mal-habile ; si vous en étiez réduit à celui-là seul, nous avions complètement raison.

Au milieu de ces réflexions, que bien d'autres faisaient comme nous, nous attendîmes patiemment la publication des listes de cette année.

Enfin elles ont paru ; et, comme nous vous l'avions annoncé, M. de Suleau n'a pas pu obtempérer à votre demande. Ce sont vos contributions de 1828, et non celles de 1827, qui sont soumises à l'examen et à la discussion des jurés et du public.

Voyons cependant si cette inscription, qui devait être votre unique réponse, ne vient pas au contraire confirmer toutes nos assertions.

A notre grand étonnement, votre contribution foncière, loin d'être augmentée, a subi une légère diminution de 98 centimes.

Qu'est donc devenu ce remploi si complaisamment attesté par la note à l'encre rouge, de M. le Directeur des contributions directes? Comme vous n'êtes pas dans le secret de cette allégation officieuse, c'est à lui seul que nous demanderons quand la mutation de cette propriété doit être effectuée.

Mais hâtons-nous d'arriver aux contributions des portes et fenêtres d'Antilly et de Metz : car c'est-là que gît toute la difficulté.

Nous aurions désiré connaître la répartition qui a été

faite à cet égard entre vous et vos locataires à Antilly, entre vous et Mme. F. à Metz.

Le texte imprimé des extraits délivrés par MM. les percepteurs, semble indiquer que c'est à eux qu'il appartient de faire mention de cette donnée importante, sans laquelle le contrôle, que sollicite la loi, deviendrait tout-à-fait impossible. Cependant, ils nous ont renvoyés à M. le Directeur des contributions. Ce dernier, invoquant l'article 34 de l'instruction ministérielle du 4 septembre 1820, qui nous paraît tout-à-fait inapplicable, nous a renvoyés à son tour à la préfecture, où le procès-verbal qui vous concerne doit être déposé.

Nous examinerons plus tard si c'est bien ainsi que la loi doit être exécutée. Pressés par le temps, il nous suffit aujourd'hui de savoir qu'il existe un procès-verbal; que c'est en vertu de ce procès-verbal que vos contributions ont été déterminées, et que vous avez acquiescé à la répartition qui a été faite.

Commençons par l'article d'Antilly. L'extrait de vos contributions de 1828, délivré par M. le percepteur de Vigy, présente pour portes et fenêtres une somme de. . . . . 29^f 60^c

Vous n'êtes porté sur la liste que pour. 23 94

Différence. 5 66

La première conséquence qui en résulte, c'est qu'on a fait cette année ce qu'on aurait dû faire en 1827, la déduction des portes et fenêtres des maisons occupées par vos fermier et locataire. Si cette déduction eût été opérée d'après la base de nos calculs, c'est-à-dire pour seize fenêtres et une porte-cochère, elle devrait être, cette année, de 6 francs 80 centimes, c'est-à-dire superieure d'un franc et quelques centimes à la réduction officielle. Si l'occasion s'en présente, nous examinerons de plus près le procès-verbal sur lequel cette dernière est fondée; mais en adoptant pour le moment cette nouvelle base, nous trouvons que la réduction officielle correspond à la contribution de quinze portes ou fenêtres. Ces quinze portes ou fenêtres, calculées au taux de l'année dernière, donnent un produit de 5 francs 60 centimes. Donc il résulte des listes de 1828, du procès-verbal dressé par l'autorité compétente, et contre lequel vous n'avez pas réclamé, que vous vous êtes attribué aux dernières élections 5 francs 60 centimes, qui ne pouvaient être comptés qu'à vos fermier et locataire.

Voyons maintenant l'article relatif à votre appartement de Metz.

L'extrait, qui nous a été délivré par M. le percepteur de votre arrondissement, certifie que la maison de Mme. F. est imposée à raison de quarante-quatre portes et fenêtres et deux portes-cochères. On compte donc six portes et fenêtres et une porte-cochère de plus que l'année dernière; ce sont les jours de vos *bureaux et des bâtimens qui y touchent:* c'est la première fois qu'ils sont portés sur le rôle de Mme. F.; aucune contribution n'a été payée en 1827 pour ces portes et fenêtres, leur existence n'a donc pu conférer à personne le droit d'élire, ni la capacité d'être élu.

Or, un calcul très-facile va vous prouver qu'en retranchant ces nouvelles impositions du total de ce qui vous est attribué cette année, on ne trouve plus à votre charge que les vingt-deux fenêtres que nous vous avions comptées.

Vous êtes porté sur la liste, comme payant à Metz pour portes et fenêtres. . . . . 33^f 14^c

Retranchons d'abord de cette somme 13 francs 50 centimes pour l'impôt des portes-cochères, que l'autorité continue à vous compter tout entier. Nous persistons dans les observations que nous avons présentées à cet égard; mais nous n'avons pas besoin pour le moment de cette réduction : retranchons encore les contributions des six nouvelles portes ou fenêtres, montant à. . . . . 3ᶠ. 34ᶜ.

La différence de 15 francs 30 centimes nous donne, à quelques centimes près, la contribution de vingt-deux portes et fenêtres.

Réunissons au contraire ces diverses sommes, et en y joignant celle de 11 francs 78 centimes pour la contribution des seize portes et fenêtres que nous avons comptées dans l'appartement de Mᵐᵉ. F., nous trouvons un total de 44 francs 92 centimes, qui représente, à 45 centimes près, l'imposition des portes et fenêtres de la maison dont vous occupez une partie.

Cette différence provient de quelques décimales négligées, soit dans notre calcul, soit dans celui de l'administration.

Mais nous n'avons pas besoin d'une précision plus exacte, pour établir que la somme qui vous est attribuée pour l'impôt des portes et fenêtres de Metz, se compose de la contribution de six nouvelles portes ou fenêtres, de celle des deux portes-cochères, et de celle enfin des vingt-deux portes ou fenêtres que nous vous avons reconnues, et qui seules payaient une contribution en 1827.

Ainsi se trouve justifiée la réduction que nous avons soutenu devoir être opérée sur cet article de l'extrait de vos contributions.

Il résulte donc de l'examen de votre inscripion sur la liste de cette année, que vous avouez et que l'autorité constate la plus grande partie des faits et des calculs développés dans l'écrit que nous avons adressé aux habitans du département de la Moselle. En reportant sur l'extrait de vos contributions de 1827 , les déductions dont la justice est démontrée par les chiffres mêmes de la liste de cette année , on trouve pour Antilly une première réduction de . . . . 5^f 60^c

Pour Metz , une autre réduction de 6 26
____
11 86

Ce serait donc 11 francs 86 centimes à déduire de vos impositions de 1827 , qui se trouveraient ainsi réduites à 991 francs 48 centimes.

Sans renoncer aux retranchemens plus considérables auxquels nous étions arrivés , nous sommes en droit de vous dire que, de votre aveu même , vous ne payiez pas en 1827 le cens de l'éligibilité.

Vous vous tromperiez gravement si vous supposiez que les calculs que nous venons d'établir , échapperont à l'examen superficiel de la plupart des personnes qui liront les listes de cette année.

Il est d'ailleurs un rapprochement plus simple , et que l'homme le moins attentif peut faire ou saisir d'un coup-d'œil. Le total de vos contributions pour 1828 est de 1015 28

Qu'on en retranche les augmentations qu'elles ont éprouvées depuis 1827 , c'est-à-dire 1.° cet accroissement de 14 francs 93 centimes qu'a reçu si à propos votre cote personnelle et mobilière, et 2.° 10 francs 77 centimes pour les portes et fenêtres de vos bureaux , imposées pour la première fois cette année, en total. 25 70
____
989 58

Vos impositions se trouveront réduites à une somme inférieure de plus de 10 francs au taux de l'éligibilité.

Comment en présence de pareils faits , et pressé par de semblables objections , vous serait-il possible de garder plus long-temps le silence. Vous ne pouvez pas supposer que les habitans de l'arrondissement de Metz aient déjà oublié l'engagement que vous avez pris de justifier votre élection ; et nous aussi , à qui apparemment notre qualité de membres d'un comité constitutionnel n'a pas fait perdre le droit de nous dire *vos concitoyens* , nous venons , à ce titre , réclamer l'exécution de votre promesse ; et pour la seconde fois , nous sollicitons une explication franche et cathégorique sur les deux faits auxquels se rattache toute cette discussion.

Si vous vous décidez enfin à nous répondre , nous vous conseillons de vous abstenir désormais de ces déclamations contre les comités constitutionnels , qu'il est bien temps de laisser à la *Gazette.*

Comme nous , sans doute vous avez lu cette circulaire récente , dans laquelle M. de Martignac reconnaît que les associations de ce genre sont en dehors de nos lois , et ne sont par conséquent contraires à aucune de leurs dispositions. Mais ce n'est pas assez de rappeler en leur faveur ce vieil axiôme , que tout ce qui n'est pas défendu par la loi est permis , il faut dire hautement qu'elles sont dans l'esprit de nos institutions ; que leur existence est intimement liée à celle du gouvernement représentatif , dont elles sont , pour ainsi parler , le premier ressort et la vie ; et qu'enfin la discussion qui s'agite entre nous , offrirait , s'il en était besoin , une nouvelle preuve de leur utilité.

Gardez-vous sur-tout de rappeler votre double qualité de *magistrat et de membre de la Chambre des Députés* , et d'en conclure que vous devez connaître les lois qui nous régissent.

Sous quelque point de vue que nous vous ayions considéré , nous vous avons trouvé en contravention avec elles.

Vous êtes encore maire et payeur , au mépris de la loi du 24 vendémiaire de l'an 3 ; et bien que cette loi soit sous vos yeux journellement appliquée, vous n'avez pas cru de votre devoir de faire l'option qu'elle prescrit, et au défaut de laquelle vous ne pouvez conserver ni l'une ni l'autre de ces fonctions.

N'est-ce pas encore au mépris de l'article 38 de la loi fondamentale, que vous avez été élu et reconnu député de cet arrondissement ?

Vous connaissez les motifs sur lesquels s'est fondée notre conviction sur ce point. Vous n'avez qu'un moyen de la changer; et ce moyen, nous vous le répétons pour la dernière fois, c'est de répondre aux faits qui vous sont opposés.

Si, contre toute vraisemblance, nous étions tombés dans l'erreur, nous en conviendrions sans rougir, car jamais on ne se serait trompé de meilleure foi, et jamais erreur ne fut entourée de circonstances plus propres à lui donner le caractère de la vérité.

Que si vous persistiez à vous refuser à une explication franche et sincère, il ne nous serait plus possible d'hésiter sur le parti que nous aurions à prendre. Un exemplaire de cette lettre serait remis à chacun de vos collègues, et cette distribution serait suivie d'une pétition à la Chambre, pour demander formellement l'annulation de votre élection.

Peut-être, sur la foi d'une résolution prise dans une circonstance assez semblable à celle qui nous occupe, vous flattez-vous que la Chambre se croira liée par la décision qui, lors de la vérification des pouvoirs, vous a admis, sans contestation, comme député de l'arrondissement de Metz.

Mais nous espérons convaincre l'Assemblée, que dans une question de cette importance, un précédent unique ne peut pas être une loi pour l'avenir; nous lui rappellerons avec confiance que sous toutes les législations,

dans tous les ordres de juridiction possibles, il y a tou-
jours quelque voie ouverte pour obtenir la réformation
d'une décision motivée sur des pièces dont la fausseté a
été postérieurement démontrée.

Mais, quand même cette espérance serait déçue; quand,
malgré la conviction à laquelle elle ne pourrait se refuser,
la Chambre croirait devoir vous laisser sous la protection
d'un respect, sans doute exagéré, pour la *chose* évidemment mal *jugée*, vous conviendrait-il, Monsieur, de
vous contenter d'un pareil abri ?

Une victoire semblable vous paraîtrait-elle un nouveau
titre à la confiance des électeurs de cet arrondissement ?

Siérait-il bien à un homme qui fait sonner si haut sa
loyauté, de rester sur les bancs d'une Chambre qui ne
l'y maintiendrait pas en vertu de la preuve acquise de
son droit d'y siéger, mais seulement parce qu'un jour,
sans discussion, et sur la production de pièces erronées,
il aurait été proclamé député.

Pesez ces réflexions, Monsieur ; et, si comme nous
aimons à le croire, vous mettez quelque prix à la consi-
dération publique et à l'estime de vos concitoyens, ré-
pondez à notre appel, ou résignez-vous à toutes les conséquences d'un silence plus long-temps prolongé.

AUBERT l'aîné, *Commissionnaire;* BERTIN, *ancien
Capitaine d'infanterie;* BOUCHOTTE (Émile),
Propriétaire; CHARPENTIER, *Avocat;* CHEDEAUX,
Commissionnaire; CONSEIL, *Avocat;* DORNÈSE,
Avocat ; HUSSON (Casimir), *Propriétaire ;*
J. MILLERET, *Banquier;* SAVOURET, *Propriétaire;*
le général SÉMÉLÉ, *Propriétaire;* VALETTE,
Avocat ; WOIRHAYE, *Avocat,* membres du comité
constitutionnel.